Désiré TOHOURI

LES AILES DU MAL

Désiré TOHOURI

LES AILES DU MAL

Poésie L'Humanité en Confinement Contre la pandémie du COVID-19

Éditions Muse

Imprint
Any brand names and product names mentioned in this book are subject to trademark, brand or patent protection and are trademarks or registered trademarks of their respective holders. The use of brand names, product names, common names, trade names, product descriptions etc. even without a particular marking in this work is in no way to be construed to mean that such names may be regarded as unrestricted in respect of trademark and brand protection legislation and could thus be used by anyone.

Cover image: www.ingimage.com

Publisher:
Éditions Muse
is a trademark of
International Book Market Service Ltd., member of OmniScriptum Publishing Group
17 Meldrum Street, Beau Bassin 71504, Mauritius
Printed at: see last page
ISBN: 978-620-2-29705-9

Préface

Chère Marianne,

Nous vivons des temps difficiles et tourmentés. Des temps marqués par une confusion sociale, en raison de la grande perversion de l'élite mondiale qui corrompt les valeurs morales humaines essentielles, repères de notre société. Notamment celles qui sacralisent la vie humaine et protègent la cellule familiale qui n'est pas une création de l'homme mais de Dieu. Elle est la cellule-souche de la société qui permet de réparer le corps social à l'image du corps humain quand il tombe gravement malade. Elle devrait donc être jalousement préservée dans son authenticité sacrée, dans l'intérêt de tous et des générations à venir, afin de perpétuer le patrimoine social de l'humanité.

La philanthropie sensée véhiculer des valeurs universelles de bonté et de générosité est dévoyée par des puissants qui se présentent au monde en manteau de philanthrope mais en dessous, ce sont des loups ravisseurs qui financent des rébellions armées pour déstabiliser, décimer les populations civiles et piller les ressources des États fragiles, ou la production de vaccins mortifères et d'armes bactériologiques dans l'unique but d'anéantir leurs semblables par millions d'individus. Ils sont riches, même très riches mais d'autant plus avides et insatiables de pouvoir et d'argent. Ces hommes répandent le mal, partout dans le monde et sèment la mort dans des familles qui n'ont fait de mal à personne, et qui ne demandent qu'à vivre en paix dans leurs foyers familiaux.

Il n'y a plus de repère. Tout est sens dessus dessous. C'est pourquoi je voudrais te laisser ce témoignage de ma mémoire qui rejette ces choses. Je dénonce leur pratique et la volonté de les imposer à la majorité de l'humanité par des procédés voilés et pernicieux, par des moyens coercitifs ou par la force brutale.

Dieu nous en préserve.

D. TOHOURI

POESIES

LES AILES DU MAL

Poèmes

Auteur :

Désiré TOHOURI

En confinement à Dakar, avril 2020

TABLE DES MATIERES

01. La fièvre du jugement

Désiré Tohouri

La science et les progrès technologiques des hommes,
Ont atteint un seuil de développement qui défie
La prescience du Créateur du Capharnaüm
De lois et d'étoiles de l'univers infini.

De l'aurore jusqu'à l'horizon des évènements,
Il maintient inviolablement constantes les lois
Qui mènent l'homme au lieu de la distorsion du temps ;
Mais la vue du trou noir n'a pas produit la foi.

Il montrait ainsi la voie de l'intemporel,
Pour aider l'humain à appréhender son siège ;
Afin qu'il renonce à agir en immortel.
Mais nous l'avons dit absent du ciel ; sacrilège !

Ni sur la terre, ni au-delà du firmament !
Pourquoi donc s'embarrasser de ces bondieuseries ?
Et pas laisser régner le mal, impunément !
La gouvernance mondiale nihiliste gagne le pari !

Et l'immoralité acquiert de la noblesse.
On fera encore mieux que Sodome et Gomorrhe
La pédophilie trône alors, telle une déesse.
Et l'homosexualité triomphe, sans remords

Et tant pis, si le juvénile est en détresse
Et plus encore, si la famille est en faillite
La maturité sexuelle est à la caresse.
Plus de pères, ni de mères, c'est la loi inédite.

La biotechnologie manipule le génome,
Pour modifier l'ordre naturel des éléments.
Un pied-de-nez au créateur du microbiome
La coupe est pleine, le monde appelé en jugement.

Les riches et les puissants se sont crus à l'abri
Des conséquences de la colère de Dame nature.
Le réchauffement climatique les laisse sans répit ;
Les contagions les emportent, sans aucune armure.

Ils ont créé en laboratoire, des virus,
Pour anéantir des populations entières.
Tel le COVID-19 ou Coronavirus,
Qui, de Wuhan en Asie n'épargne aucune aire.

Tous, riches et pauvres, noirs et blancs, de toutes les contrées,
Des Princes et des gouvernants sont à l'agonie.
Parce qu'un virus virulent a été lâché,
Causant des poussées de fièvre et des pneumonies.

Wuhan, Téhéran, Paris, Londres, New York, Madrid, Rome, ...
Dénombrent déjà des dizaines de milliers de morts ;
Sans qu'aucune des puissances ne dispose du sérum.
Quoi donc ! sommes-nous sans recours, livrés à notre sort ?

C'est ici la limite de l'arrogance des grands.
Ils sont désemparés, face à la pandémie ;
En proie à une pénurie de masques et de gants,
Cette barrière primaire, contre l'épidémie.

Le Brésil et l'Italie s'en remettent à Dieu,
Afin que chute la fièvre et que s'éloigne le mal.
Qu'il plaise à l'Éternel d'exaucer leurs vœux pieux ;
Pour calmer de son ire, la fureur infernale.

Assurément, rien de nouveau sous le soleil.
Vanité des vanités, tout est vanité !
Restaurer la loi morale, voilà une merveille,
Qui restituerait à la vie sa primauté.

Désiré Tohouri, *Poésie*

[1]

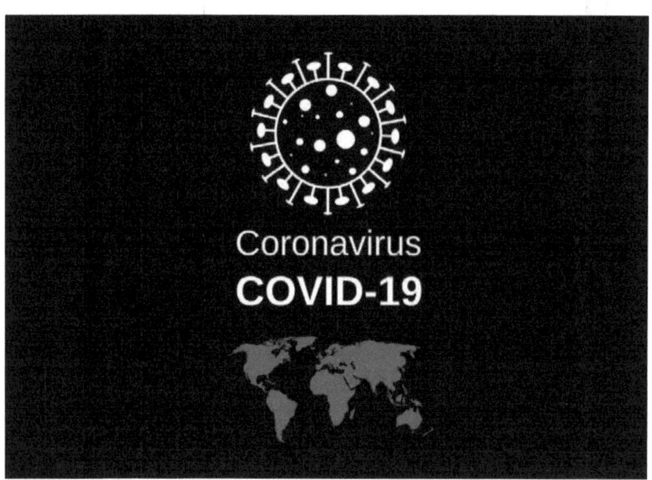

[1] Trou noir hyper massif

02. La saison de l'apocalypse

Désiré Tohouri

Une phrase anodine sur mon écran connecté,
Annonce le début d'une épidémie en Chine.
Au marché de Wuhan où les clients s'alignent,
Pour s'offrir à déguster, vivant, du gibier.

Ils auraient mieux fait de le cuire, le pangolin.
À l'épreuve du feu, le virus ne survit guère.
Lui, la géhenne qui consumera notre ère,
Est Identifié, Corona virus, enfin.

Une infection pulmonaire fait monter la fièvre,
Une toux sèche, une insuffisance respiratoire ;
Isolés, ils se meurent, seuls, dans le désespoir,
Ceux des nôtres qui n'auront pas tôt levé un lièvre.

Nous pensions que c'était l'affaire des seuls Chinois.
Eh bien, qu'ils cessent donc de manger des êtres, vivants !
Vite, nous avons été assiégés, impuissants.
Quelle belle jambe ! la chinoiserie nous laisse tous pantois !

L'Italie, l'Espagne, les États-Unis, la France, ...
Aucun pays n'y échappe, c'est une pandémie !
Hommes, femmes, enfants, tous frappés par la maladie.
Les hôpitaux pleins, les soignants crient leur souffrance.

Plus de deux cent mille morts, en quelques semaines. Mon Dieu !
New York en a compté deux mille, en une journée.
Le confinement, la quarantaine, dans la foulée,
Font mieux que des soins hospitaliers périlleux.

De Time Square à l'Avenue des Champs-Élysées,
C'est le désert, dans les grandes métropoles mondiales.
La mort rode, et frappe à la moindre erreur fatale.
Toute activité humaine aura presque cessé.

Ironie du sort, la nature reprend ses droits !
L'air devient respirable, la pollution s'estompe.
Un espoir de renouveau que nos peurs ne trompent.
Une ère nouvelle qui remettrait tout à l'endroit ;

Désiré Tohouri, *Poésies*

[2]

[2] Marché à Wuhan

03. L'effondrement

Désiré Tohouri

Il y avait à Babel une tour,
Grande à pouvoir toucher aux cieux ;
Un ouvrage des hommes alentour,
Solidaires et, très prétentieux.

Unis grâce à une langue commune,
Ils collaborèrent à la tâche,
Pour s'élever à prendre la lune,
A trouver Dieu où il se cache.

Leur arrogance causa leur perte ;
Dieu donnant à chacun sa langue,
Siffla la fin de la guinguette,
Dans un confinement multilingue.

Les hommes de ce siècle ont leur Tour,
Qu'ils dénomment : Mondialisation ;
L'Internet, l'idiome ayant cours,
Pour s'accorder à défier Sion.

Ensemble, ils bâtissent des plateformes,
Scrutent l'univers, marchent sur la lune,
Des profits commerciaux énormes
Leur procurent les plus grandes fortunes.

Séduis par leurs multiples succès,
Ils ont nié la création ;
Aussi Dieu leur fait un procès,
En réprouvant leur rébellion.

L'humanité en confinement !
L'effondrement économique !
Comme à Babel, Dieu nous reprend,
Mais pour quelle nouvelle dynamique ?

Désiré Tohouri, *Poésies*

[3]

[4]

[3] Tour de Babel
[4] Gratte ciel

04. L'horizon des infinis

Désiré Tohouri

Les gouvernants, les monarques et les ordres princiers
Sont investis d'un pouvoir divin infini.
Les puissances mondiales et les empires financiers
Sont fondés d'un pouvoir d'influence infini.

Quand souffle le vent meurtrier de la pandémie,
Le monde se retrouve démuni et sans défense.
La maladie fixe des limites à l'infini,
Et dévoile l'horizon des principes de puissance.

Les scientifiques en appellent alors à la science,
Aux lumières secrètes de l'univers infini,
Afin d'étendre l'horizon de leur infini.

Je vois l'univers comme une sphère capitonnée,
Dont les trous noirs, semblables aux boutons qu'ils imitent,
Absorbent l'expansion pour lui fixer une limite.

Désiré Tohouri, *Poésies*

[5]

[5] Trou noir hyper massif

05. L'ordre de la renaissance

Désiré Tohouri

La générosité reptilienne en Éden
Engendra une rupture de l'ordre originel.
Les Édeniens changèrent leur ciel de grâce en fiel,
Livrés au fruit de la malédiction, la peine.

Bravez le ciel, vous n'en mourrez point ! vous saurez
Que, semblable à lui, vous êtes doués de conscience
Et de raison, pour juger en toute connaissance
Du bien et du mal, du monde que vous désirez !

La semence corruptive du serpent primitif
Aura proliféré, poussant Dieu hors des cœurs ;
Ses principes moraux fondamentaux, loin des mœurs,
Causent une grande confusion troublant l'ordre putatif.

Dès lors que la perversité est à son comble,
Le Créateur réinitialise le système ;
Et son décret sans appel ne souffre de dilemme
Pour établir au monde un nouvel ordre viable.

Par le déluge il anéantit l'ordre ancien.
Il pourrait décocher comètes et météorites
Pour fondre la terre par des effets thermiques subits.
Mais une simple pandémie virulente lui convient.

La pandémie du nouveau Corona virus
Déclarée, en décembre deux mille dix-neuf, au monde
Surprend et frappe de plein fouet le chaos immonde
D'un système immoral et corrompu aux us.

Les nations s'isolent, elles ferment partout leurs frontières,
Les cités se murent, interdisant tout accès,
Les peuples cloitrés et horrifiés par les décès
Par milliers dénombrés, saturant les cimetières.

L'économie mondiale à l'arrêt, bourses fermées,
Les avions cloués au sol, les navires à quai.
Des villes fantômes, désertées par leurs peuples masqués
Offrent le spectacle désolant d'un monde sinistré.

C'est l'échec de l'élitisme mercantile mondial.
Le système capitaliste déshumanisant,
Avide de contrôle et de profits spoliant,
Qui paie le prix de son égoïsme sidéral.

Quel monde émergera-t-il de cette décadence ?
Saura-t-il rendre à la vie sa valeur sacrée ?
La solidarité sera-t-elle consacrée ?
Rendra-t-on à la tendre enfance son innocence ?

Une enfance préservée est un monde épargné.
La solidarité, gaiement relancera
La machine économique sans débours d'extra,
Sacrant un monde de paix et de prospérité.

Désiré Tohouri, *Poésies*

06. Dieu, est-il mort ?

Désiré Tohouri

Le nihilisme a bien œuvré à effacer Dieu,
De la culture occidentale, l'en délester ;
Dieu est mort ! avait proclamé Nietzsche, sans l'enfeu ;
Exit la foi, principe structurant l'exister.

Les valeurs transcendantes dont Dieu est le support,
Telles la vérité, l'identité, la bonté, ...
S'effondrent sous une critique radicale à renfort,
Faisant du nihilisme une absolue vérité.

Notre siècle, en second, accompli sa prophétie ;
En genre, l'identité est en pleine confusion ;
Le mal règne, la vérité saigne, sans facétie ;
Dieu est méprisé et la foi est en dérision.

Mais Dieu par la science annonce sa revanche sur l'homme ;
Par le trou noir il fixe une limite à la science ;
Une particule suggère un univers binôme ;
L'absolu en est réduit à notre expérience.

Et Dieu par la nature exécute sa sentence,
Catastrophes et pandémies annonçant la ruine
Soudaine d'un monde qui a tué Dieu en conscience ;
Mais, fût-il mort, la résurrection est divine !

Désiré Tohouri, *Poésies*

07. La lettre à Marianne

Désiré Tohouri

A Marianne, ma fille bien-aimée,
Tu es le fruit d'un amour saint,
Entre un homme, doux et « désiré »,
Et une « sacrée » femme, de bonne main.

Loue Dieu, pour papa et maman,
Le socle des valeurs de ta vie.
Préserve-les, imite ta maman ;
Devient une mère, qui donne la vie.

Que ton enfant ait donc son père,
Le monde s'en portera bien mieux.
Certes, la patrie procède du père,
Dont la force virile est un pieu.

Hommage à Élisa Sakré,
Ta fidèle et honorable mère,
Qui perpétue en toi, bon gré,
Le principe social séculaire

Désiré Tohouri, *Poésies*

[6]

[6] Marianne et son papa

08. Le droit d'Andy

Désiré Tohouri

Les parents d'Andy avaient fait leur coming out[7],
A une époque tourmentée pour les couples homos,
Mais aujourd'hui la loi préserve leurs droits sociaux ;
Leur cause ayant été entendue, sans tabou

Dès leur union ils eurent Andy, par adoption,
Un mignon petit garçon frêle et aux cheveux bruns,
Qui faisait le bonheur de Franck et Benjamin.
Heureux était-il, comblé d'amour, d'attention.

Mais loin de ses parents, il devait, seul, faire face,
A des questions impertinentes, aux railleries ;
Une curiosité qui le mettait en charpie ;
Il n'avait rien fait pour subir ces face-à-face.

Ses parents avaient acquis des droits, c'est justice,
Mais Andy devait en subir des conséquences
Traumatisantes, répondant de leur expérience.
Devra-t-il un jour marcher contre son préjudice ?

Désiré Tohouri, *Poésies*

[7] Révélation publique par une personne de son homosexualité

09. La valse des singularités

Désiré Tohouri

Le méchant loup, une espèce, jadis endémique ;
Au loup ! criait-on à l'approche du canidé,
Tant, par sa meute, de bêtes, il aura décimé ;
Le cauchemar du berger devenant insomniaque.

La menace du loup a nourri tant de fantasmes,
De l'affreux Loup-garou au Petit chaperon rouge.
Tuer, seul, un loup était de courage une jauge,
Un bienfait, accueilli avec grand enthousiasme.

Anéanti, le sort du loup devint précaire,
Passant de bourreau à victime à protéger.
Le loup, réintroduit contre l'avis du berger,
Certes, à nouveau proliférera, à tout refaire.

Une minorité protégée prend le pas sur la majorité ;
Sa singularité devenant endémique,
Perdra-t-elle, à son tour, la protection cyclique.
Ainsi va le yo-yo de la minorité.

L'agriculture intensive jadis acclamée,
La culture bio sera ensuite préconisée,
Le temps vient où l'Homme, viril, sera recherché,
Pour qu'avec la Femme, soit la Famille préservée.

Désiré Tohouri, *Poésies*

10. La Beauté, l'Amour et la Raison

Désiré Tohouri

La beauté use de l'attirance tel un aimant ;
Séduisante, elle captive, irrésistiblement.
Le mal est diabolique, horrible et repoussant,
Mais le diable, si beau, tellement fou, est si … tentant !

Le mal en est acceptable, souvent préférable,
Quitte à en assumer les conséquences néfastes,
A passer encore pour un être déraisonnable.
Renoncer à ce désir, mortel me … dévaste !

L'amour excuse et ménage la raison du mal ;
Sa folie passionnelle mène pourtant droit au diable.
Dépourvu de raison, l'amour se livre au mal,
S'expose ainsi à en souffrir, inconsolable.

Mais la force de l'amour triomphe de tout revers ;
Et sa vertu permet de surmonter le mal.
Quand il vient de succomber à un beau travers,
L'amour donne des ailes, et soudain tout semble normal.

La raison quant à elle, distingue le bien du mal ;
Elle éclaire la passion, et lui fixe une limite.
Et son jugement, sans émotion, est optimal ;
Ses décrets sont implacables et au temps résistent.

Parce que sa démarche est rationnelle, absolue,
La raison est scientifique et incorruptible.
Elle parait, certes, digne de confiance et résolue,
Parce qu'elle se montre objective et irrésistible.

La raison n'est cependant pas irréprochable,
L'objectivité de sa raison d'être, elle doit.
La raison est unanimement bonne et louable,
Quand elle est désintéressée, et qu'elle fait droit.

Quand la raison sert le plus fort, elle cède au diable,
Elle devient aussi égoïste que la passion.
L'intérêt qui la commande en fait une belle fable.
Dès lors elle prend à la beauté sa séduction.

Une raison objective et généreuse pour tous,
Relevant de l'amour et de la science éthique,
Rebâtirait un monde de toute beauté, pour tous.
Un monde nouveau, agréable, paisible et ... gnostique !

Désiré Tohouri, *Poésies*

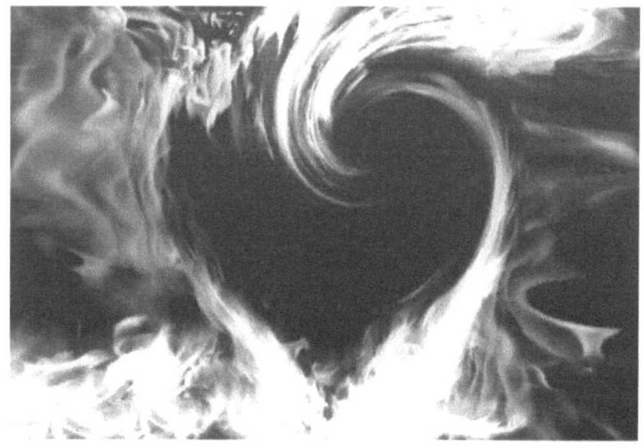

11. Secrets de succès

Désiré Tohouri

Le succès, c'est le réussi
Obtenu dans une entreprise,
De force, de cœur ou de l'esprit.
La récompense, telle une cerise.

Le Créateur nous recommande
D'aimer, d'âme, d'esprit et de force.
La haine et la passion fécondent.
Aime donc ou hais, voilà l'amorce.

Aime passionnément l'entreprise,
Sa cause ou sa finalité,
Toute ta pensée y mobilise,
Esprit et créativité.

Consacre alors ton énergie
Au temps de travail de ta force,
Le dispensateur de génie,
Dès lors relèvera ta face.

L'exercice semblera aisé,
Et la posture bien confortable.
Soit la cause, la finalité,
Profitable à tous tes semblables.

Désiré Tohouri, *Poésies*

12. Quand souffle le vent

Désiré Tohouri

Le vent souffle quand et où il veut,
Il est parfois doux et léger,
Comme souffle la brise pour soulager.
Vienne l'ouragan, et sauve-qui-peut.

Le vent léger est sans danger,
Mais il est hélas sans effet.
Un vent violent est très risqué,
Mais son impact est avéré.

Contraire, le vent fait chavirer,
Tenir la barre, que passe l'orage,
Afin d'éviter le naufrage.
Garder le cap, prêt à voguer.

En poupe, il mène au but, sans doute,
Si nous avons un objectif,
Destinant un port effectif,
Hisser la voile, en avant toute !

Désiré Tohouri, *Poésies*

13. Revin, dans la vallée

Désiré Tohouri

Sur le détour des méandres pittoresques du fleuve,
Revin se dévoile dans la vallée de la Meuse,
Aux pieds des hautes montagnes alentour qui s'élèvent,
Telles une fortification de parois rocheuses.

Belle ville figée dans un décors de carte postale,
Revin est accueillante, paisible et agréable.
J'ai savouré son panorama, un régal,
Le long du chemin George Sand, d'une vue imprenable.

De ma fenêtre, à Fallières, rive gauche de la Meuse,
Je pouvais contempler la perfection divine,
Dans cette toile sublime, œuvre de ses mains, qui fascine.

De crues rares mais dévastatrices, le cours tranquille
De la Meuse ralentit la course du temps qui file,
Pour mieux vivre la magie de ses instants subtiles.

Désiré Tohouri, *Poésies*

14. La porte du non-retour

Désiré Tohouri

Sur la pointe de l'extrême-ouest du continent noir,
Surgit Gorée, l'île emblématique du souvenir,
A quelques encablures du grand port de Dakar.
Lieu de l'abandon, pour ceux qui devaient partir.

La cité sulfureuse des Signares flamboyantes,
Cachait un lit de rivière de larmes d'âmes en peine ;
Des esclaves croupissant dans les geôles oppressantes,
Des négriers ayant le profit dans les veines.

La sordide maison des Esclaves sur le rocher
Avait une ouverture dérobée sur la mer
Un lieu de passage à sens unique, en aller,
Vers un monde de servitude, cruel et amer.

La porte du non-retour ouvrait sur l'Amérique,
Pays de cocagne pour les maîtres du nouveau monde,
Quand elle fermait désespérément sur l'Afrique,
Une Afrique vidée de son énergie féconde.

Et l'hémorragie perdurera durant trois siècles,
Pour fertiliser et ensemencer le monde,
De souches d'origine, robustes et viables, tout en muscles
Pour un tout nouveau monde que Dame nature émonde.

La semence de l'Afrique a porté des fruits dignes
De la sueur, du sang versé : des couronnes de prix,
Objet de fierté, de richesse pour tous, et signes
D'un retour glorieux pour l'Afrique, la mère-patrie.

Pelé et les étoiles brésiliennes du football,
Martin Luther King et les gloires américaines,
L'Amérique donne à Obama le premier rôle
Qui scelle l'égalité et l'unité humaine.

Traiter des semblables humains comme des êtres sans âmes,
Les déporter, les vendre, violer leur dignité
Est un crime ; Dieu l'a certes changé en bien, ce drame
A inscrire à l'ordre de crimes contre l'humanité.

Désiré Tohouri, *Poésies*

[8]

[9]

[8] Barak Obama
[9] Martin Luther King

17. Le piroguier de Soumbedioune

Désiré Tohouri

La nuit tombe sur le port de pêche de Soumbedioune,
Ousmane tire sa pirogue sur le sable du rivage,
« Et voilà sa tête des mauvais jours ! » dit Alioune.
« Le poisson se fait rare, et ça lui fout la rage ... ».

Il a une famille à nourrir et des enfants à scolariser,
Quand la pêche n'est pas bonne, il fait sa crise d'angoisse.
Un brave homme qui défie la houle, à s'épuiser,
Pourvu qu'il rentre avec le poisson dans la caisse.

Les mareyeurs ont connu des jours plus heureux.
Le poisson foisonnait non loin du littoral,
Avant la razzia des navires de pêche. Scandale !

Les pêcheurs, condamnés à défier la haute mer,
Atteignant quelquefois les eaux mauritaniennes,
Cause de conflits ; mais ils iront quoi qu'il advienne.

Désiré Tohouri, *Poésies*

15. Shoah

Désiré Tohouri

Des cris de douleur déchirants,
Ont fendu le ciel, oppressés,
C'est Rachel qui pleure ses enfants,
Elle ne veut pas être consolée.

Marqués et séparés des autres,
C'est sans cause qu'ils furent immolés,
Livrés sans recours à ce monstre
Nazi de peu idolâtré.

Le sort avait été jeté,
Ils devaient périr, tous ensemble,
Du vieillard jusqu'au nouveau-né,
Livrés à une mort effroyable.

Par wagons entiers, déportés,
Vers des camps d'extermination :
Auschwitz, Treblinka, ... tous prostrés
Par l'horreur de l'épuration.

La peau blême, le regard sans vie,
Allant à la mort, résignés,
Sans secours dans leur agonie,
Ils n'ont point été épargnés.

Rachel obtiendra donc du ciel,
Un retour à Jérusalem,
Pour sauver son reste, de l'autel
De cet holocauste de l'extrême.

Désiré Tohouri, *Poésies*

[10]

[11]

[10] Dachau
[11] Auschwitz

16. Palestine

Désiré Tohouri

La Palestine, de Jérusalem à Haïfa,
Est dans la tourmente depuis bien longtemps, hélas ;
Une guerre oppose les fils d'Abraham à Gaza,
Par le feu des armes de Tsahal et du Hamas.

Des cris de douleur enragés montent des cités,
A la suite des offensives et contre-offensives ;
Des missiles téléguidés de Tsahal lancés,
Pour prévenir les roquettes et bombes anti-juives.

Que peuvent les pierres de l'Intifada contre un char ?
Que peut un mur de barbelés contre des tunnels ?
Personne ne sort vainqueur de cette torpeur, nulle-part ;
La paix des braves, seule, pourrait mettre fin à ce duel.

A l'origine, l'ONU crée l'État d'Israël,
Aussitôt frappé par les voisins, contre la charte ;
Tsahal croit donc mener une lutte existentielle,
Contre l'objet de rayer Israël de la carte.

Que serait-il advenu de lui, sans sa force,
Face à un plan de libération qui le nie ;
Reconnaitre l'État d'Israël serait l'amorce,
Puis renoncer au projet armé du déni.

Israël aurait un gage de sécurité,
Qui le condamnerait à desserrer l'étau ;
Rachel se souviendrait de ses souffrances passées,
Pour entendre celles de Gaza au bout du rouleau.

Désiré Tohouri, *Poésies*

18. Rébellions en Afrique

Désiré Tohouri

Des rébellions armées prolifèrent en Afrique,
Dans des pays jugés pauvres et très endettés ;
Où les citoyens comptent peu de billets de banque,
Pour s'offrir armes et munitions, en quantité.

Pour monter une armée de rebelles, il en faut
Des armes, des munitions et de la logistique ;
Assez pour soutenir un siège ou un assaut ;
Un financement improbable pour des faméliques.

Seule une puissance étrangère en serait capable,
Au motif de changer la nature d'un régime,
De distraire des matières premières dans une zone cible,
Ou de prendre le contrôle d'un pouvoir légitime.

Boko Haram, Ansar Dine ou les Forces nouvelles,
Les rebelles sont assurés d'une impunité,
Contre toutes poursuites pénales pour leurs actes criminels
Afin de mieux terroriser les zones ciblées.

Destructions de biens, pillages, massacres, tout y passe ;
Ils mettent les territoires conquis en coupe réglée,
Afin de provoquer des déplacements de masses,
Laissant libre cours au pillage des ressources visées.

Les rebelles désorganisent des États fragiles,
Y accroissent le niveau de paupérisation ;
Poussant les jeunes vers la migration, vers l'asile
Avec l'espoir de trouver meilleures conditions.

Désiré Tohouri, *Poésies*

19. Méditerranée

Désiré Tohouri

Le lieu-dit Méditerranée,
Tel un trou noir engloutissant
Les rêves étoilés des migrants
Échappant à la pauvreté ;

Dresse l'horizon des évènements,
Au large des côtes nord-africaines,
Là où périssent comme mises en scène,
Tant de promesses de cœurs vaillants.

Tant de vies, tant de rêves brisés,
Que de larmes rendues par les flots,
Qui Trempent nos consciences plus que l'eau.

Conscience de l'échec du système,
Qui, sous tous les cieux, fait naufrage
La réforme sonne ; bon courage !

Désiré Tohouri, *Poésies*

[12]

[12] Gilets de sauvetage de migrants rejetés sur les côtes méditerranéennes

20. Paris

Désiré Tohouri

Lutèce antique des Parisii,
La cité théâtre de l'histoire,
Des monarques à la fleur de lys,
Aux déferlantes vagues migratoires.

Berceau des titis parisiens ;
Assaillie par des Sarrazins,
Affluant de riches pays lointains,
Privés par Paris de gagne-pain.

La capitale des droits de l'homme,
Devenue celle des colonies,
Dépouillées des mêmes droits qu'elle nomme ;
Aujourd'hui des néo-colonies.

Un jour nouveau doit se lever,
Pour Paris et ses colonies.
Une ère de grande prospérité,
Par une nouvelle économie.

Rompre les liens de la servitude,
Bâtir des partenariats sains,
Des relations sans turpitudes,
Une communauté de destin.

Et Paris, sortant du marasme,
Sans doute, pour trente nouvelles glorieuses,
Rendrait sens à son humanisme,
Pour une nouvelle époque radieuse.

La ville lumière, qui me ravit,
Ville élégante et romantique.
Ses façades sculptées, ses parvis,
Dévoilent une cité fantastique.

La ville des amoureux, Paris,
Exhale les parfums envoutants
Les esprits romantiques épris,
Conviés à s'unir hors du temps.

Désiré Tohouri, *Poésies*

21. Le prisonnier

Désiré Tohouri

De Fresnes à Alcatraz jadis,
De Bouna à Guantanamo,
Des milliers d'hommes, de femmes croupissent
Enchainés tels des animaux.

Ceux que la société condamne,
Pour être coupables de faits punis
Par les lois que les hommes se donnent,
Pour rendre une justice sans déni.

Des infractions mineures aux crimes,
Comme dans le Code pénal, classés,
La liste des peines montre le barème,
Pour que tous en soient dissuadés.

Les coupables sont des prévenus,
Qui, préférant défier la loi
Méritent bien la peine encourue.
C'est une justice de bon aloi.

Mais il arrive trop fréquemment,
Que le reclus soit accusé,
A tort, par erreur ou sciemment,
Sans être coupable, en vérité.

Des privations de liberté
Par des voies extra-judiciaires ;
Savoir ces otages tourmentés
Sans assistance, me désespère.

Quelle souffrance quand cela arrive !
Imaginer le désespoir
De ces malheureuses âmes captives
M'est un supplice à concevoir.

Et le ciel m'en tombe, quand la toge,
Sous influence, s'en rend complice ;
Le temple de Thémis, en une loge,
Est réduit, au pouvoir du vice.

Dès lors, tout honnête citoyen
Est un prisonnier en sursis.
Quand des hors-la-loi, hommes de rien
Tiennent le pouvoir, tout est permis.

Des délinquants hors des prisons,
Et des innocents écroués,
Humiliés, meurtris, sans raison,
Souvent torturés, mutilés.

Fort heureusement, le chaos
Ne prévaudra pas à toujours.
Les cris des innocents, là-haut
En appellent le glas, sans secours.

Désiré Tohouri, *Poésies*

22. Noir et Blanc

Désiré Tohouri

Le noir et le blanc forment un couple indissociable ;
L'un ne va sans l'autre, ce depuis la nuit des temps ;
Au commencement était la nuit, noire, invisible,
Avant que le jour, clair, ne fût, luminescent.

Le noir et le blanc constituent assurément,
La binarité chromatique primaire visible ;
La couleur venant par-dessus, en agrément.
En noir et blanc, photos et télés furent usables.

Les pixels de couleurs rendent certes l'image plus vive.
« Noir sur blanc, c'est écrit », a-t-on coutume de dire ;
L'usage du tableau noir, rend la craie blanche native,
Quand la feuille est blanche, d'un stylo noir se munir.

Au tableau, le noir rend le texte blanc visible ;
Les deux couleurs se soutenant à tour de rôle,
Sur une feuille, le blanc rend le texte noir plus lisible.
La suprématie chromatique, une faribole !

Désiré Tohouri, *Poésie*

23. Couleur de peau

Désiré Tohouri

Quelle est la couleur de la peau ?
J'entends, la peau de l'être humain.
Est-ce la couleur du blanc de peau ?
Oui, et non, répond le prochain.

Quelle est donc notre couleur de peau ?
J'entends, la peau de l'être humain.
Est-ce la couleur du noir de peau ?
Oui, et non, répond le prochain.

Le prochain du Blanc, étant noir,
Répond donc, non, pour la peau blanche.
La réponse est, non, pour la noire,
Le prochain du Noir étant blanc.

Le Rouge dit, non, pour la peau jaune,
Le Jaune dit, non, pour la peau rouge.
Allons donc ! est-elle blanche, ou Jaune ?
Est-elle, de couleur noire, ou rouge ?

L'homme n'a pas qu'une couleur de peau !
C'est un être à couleurs multiples,
Qui adapte son pigment de peau
Au climat, durant son périple.

Désiré Tohouri, *Poésies*

24. Le prochain, autrui

Désiré Tohouri

Quand la haine fait monter l'aigreur,
La bile fait mousser la colère,
Un malaise annonce le malheur,
Et les regrets gagnent le cimetière.

L'amour du prochain ne coute rien !
Mais il est la clé d'un trésor,
Une source de bonheur quotidien,
Pour vivre en confort, tout effort.

Faire du prochain le bon autrui,
C'est rendre son champ de savoir-faire
Avantageux pour tous ! eh oui !
Faire des amis, et des affaires !

Désiré Tohouri, *Poésies*

25. La productilité

Désiré Tohouri

Notre société de consommation nous commande,
D'optimiser le volume produit, par ressources
Affectées à la production de la demande ;
C'est l'exacte productivité de notre cadence.

Tant et si bien que l'offre est-elle en excédent ;
Un tiers des aliments du marché est jeté,
Deux milliards de tonnes de déchets produits par an,
Un gaspillage des ressources autant illustré.

Nous produisons plus que de besoin pour la cible,
Une production limitée au volume utile,
Constituerait un rapport de performance viable :
La *Productilité*, plafonnée à l'utile !

Désiré Tohouri, *Poésies*

26. Dame Nature

Désiré Tohouri

Dame nature est très mal en point ;
Elle, de nature si flamboyante,
Est en dégrisement, pour les soins,
D'une gueule de bois ankylosante.

L'avidité enténébrée,
A dressé sa table envoutante ;
La nuit a été arrosée,
D'excès frelatés enivrants.

L'enrichissement globalisé,
Pollue la mer et ses récifs ;
Des gaz d'autos, de cheminées,
Aux résidus radioactifs, ...

Le corail si multicolore,
Dépigmente sa couche sous-marine ;
L'atmosphère, la faune et la flore
Suffoquent de nos particules fines.

Tous les vivants sont affectés ;
L'homme porte un masque contre le virus ;
L'oiseau en a les ailes brisées,
Et tombe du ciel à cause de l'intrus.

La terre perd le nord magnétique
En mouvement vers la Sibérie ;
Le travail des plaques tectoniques,
Délite la mer en tsunamis.

Et le réchauffement climatique,
Fait fondre les couches de glace des pôles.
Une montée des eaux est critique,
Pour les populations des côtes.

Dame nature n'a pas le moral ;
En cause, le système mercantile
Malveillant de l'élite mondiale,
Qui la rend aussi versatile.

Désiré Tohouri, *Poésies*

[13]

[13] Récif corallien

27. Le vent d'Est

Désiré Tohouri

Un vent d'Est se lève sur le monde,
De force ravageuse à tout rompre,
Armant les flots des vives-eaux d'ondes
Déferlant sur des digues impropres.

Les digues protectionnistes de l'Ouest,
Ne résistant guère aux assauts
Des vagues périlleuses du grand Est,
S'effondrent, toutes, sous les soubresauts.

La bataille des courants fait rage,
Le flux d'Est contre le reflux d'Ouest.
L'Ouest inondé perd l'avantage,
Submergé par la vague jaune d'Est.

Suprématie occidentale
Et néolibéralisme à mal ;
Le monde sur la vague orientale,
Assiste, coi, au duel commercial.

L'Ouest est livré au péril jaune ;
L'ogre asiatique est insatiable
Des secteurs clés des polygones
Impérialistes du monde coercible.

La grande culture occidentale
Survivra-t-elle à un naufrage ?
Le raffinement grec et romain
N'ayant survécu à l'orage.

Désiré Tohouri, *Poésies*

28. Le chemin de Rome

Désiré Tohouri

L'impérialisme autoritaire,
De Carthage à Constantinople,
Fait le règne de Rome en six siècles,
Avant le déclin de l'empire.

La cause, un système affaibli ;
Corruption, autoritarisme,
Et la brutalité de Rome,
Font chuter l'empire assailli.

Rome tombant aux mains des barbares,
La civilisation s'incline,
Si puissante, si fière, courbe l'échine
Devant d'incultes hordes de tocards.

L'Occident dominant le monde,
Sa culture rayonne d'Hollywood ;
Wall-Street, l'arène de ses barouds,
Temple d'un libéralisme immonde.

L'impérialisme occidental
Et son capitalisme sauvage,
Dans le monde font tant de ravages,
Franchissant les limites morales.

Des génocides capitalistes,
Des guerres d'intérêts financiers,
Développent un système vicié
Qui fragilise l'ordre mondialiste.

L'insouciante force occidentale
S'impose au monde par la violence,
Le corrompt par sa pestilence,
Spolie son droit fondamental.

La révolte des dominés gronde,
Mais comme Rome, l'Occident rassure
De l'efficience de ses mesures
Pour éradiquer toutes les frondes.

Comme jadis, sa ruine surviendra,
Du sommet de sa toute-puissance,
S'il demeure dans sa suffisance,
Et de Rome, rien il apprendra.

Désiré Tohouri, *Poésie*

[14]

[15]

[14] Jules César, Assassinat
[15] Légion romaine

29. Libéralisme liberticide

Désiré Tohouri

Le libéralisme capitaliste au pouvoir,
Triomphe du communisme qu'il a tant décrié.
A l'Est Lénine trébuche sous les coups de boutoir,
De la doctrine libérale aux promesses viciées.

Le profit ayant aiguisé l'âpreté au gain,
Fait feu de cupidité et d'avidité,
Pour piller par la force, par des accords léonins,
Les ressources d'autres, violant ainsi leur propriété.

Les plus puissants s'emparent d'autant plus de richesses
Naturelles, culturelles et enfin financières,
Par la confiscation de la monnaie en caisse,
Que remplace un avoir intangible éphémère.

La monnaie numérique dénie la faculté
A autrui de détenir son pouvoir d'achat,
Aux mains des puissants capitalistes financiers,
Propriétaires des serveur et auteurs des contrats.

Achète, vend, je paye et te notifie ton solde.
La réserve de valeur est au pouvoir d'un tiers,
Qui peut la rendre indisponible, et sans amande,
En arguant d'un dysfonctionnement de systèmes tiers.

L'exercice fait perdre la liberté de pouvoir
Payer quand et où l'on veut acquérir un bien ;
La disponibilité du solde reste à voir,
De même que l'acceptation du paiement en lien.

L'on revient ainsi au système de troc ancien,
Dont un tiers est chargé de stocker les valeurs,
Le vendeur étant lui-même l'acheteur prochain ;
Travail et biens sont échangés contre leurs valeurs !

Ceci ressemble fort bien au système communiste
Des kolkhozes et sovkhozes à la sauce libérale.
Toutes les plateformes de partages communautaristes
Échangent des biens et services par collatéral.

L'ogre capitaliste est au contrôle du système,
Au sommet des systèmes de paiement numériques,
Qu'il décide de généraliser sans problème,
Pour prendre le contrôle du pouvoir démocratique.

Désiré Tohouri, *Poésies*

[16]

[16] New York Stock Exchange (NYSE), la Bourse de New York, à Wall Street

30. Le signe des temps

Désiré Tohouri

Un vieux livre, très ancien, a annoncé des choses,
Des événements d'un avenir proche nous concernant,
Un récit bimillénaire fait mieux, par la gnose,
A décrire le monde que les médias dominants.

« Il fut donné d'animer l'image de la bête,
Afin que l'image de la bête parlât » ; texte troublant !
Jean nous décrit une transmission télé parfaite,
Deux-mille ans avant son invention ; bouleversant !

« Tous…reçussent la marque sur la main ou sur le front ».
« Ni acheter, vendre sans la marque, nombre de la bête » ;
« Son nombre est six cent soixante-six » ; réfléchissons …
Une puce électronique sous la peau ! … et la bête ! …

Vendre et acheter, c'est le paiement électronique,
Avec la puce RFID sous-cutanée
Nous sommes en pleine actualité technologique
De l'Obama care aux USA ; quelle idée !

Le même vieux livre annonce le retour du messie,
En des temps difficiles et de bouleversements,
Et de l'enlèvement de ses fidèles, ses élus ;
Ce vieux livre, d'actualité, est bien surprenant !

Désiré Tohouri, *Poésies*

Printed by Books on Demand GmbH, Norderstedt / Germany